Kouassi Joachim N'Guessan

QUI EST LE PÈRE DE JÉSUS-CHRIST ?

Kouassi Joachim N'Guessan

QUI EST LE PÈRE DE JÉSUS-CHRIST ?

Connaître la personne de Jésus-Christ

Éditions Croix du Salut

Imprint
Any brand names and product names mentioned in this book are subject to trademark, brand or patent protection and are trademarks or registered trademarks of their respective holders. The use of brand names, product names, common names, trade names, product descriptions etc. even without a particular marking in this work is in no way to be construed to mean that such names may be regarded as unrestricted in respect of trademark and brand protection legislation and could thus be used by anyone.

Cover image: www.ingimage.com

Publisher:
Éditions Croix du Salut
is a trademark of
Dodo Books Indian Ocean Ltd. and OmniScriptum S.R.L publishing group

120 High Road, East Finchley, London, N2 9ED, United Kingdom
Str. Armeneasca 28/1, office 1, Chisinau MD-2012, Republic of Moldova, Europe
Managing Directors: Ieva Konstantinova, Victoria Ursu
info@omniscriptum.com

Printed at: see last page
ISBN: 978-620-6-17128-7

Dédicace

Je dédie ce livre à tous ceux qui cherchent la vérité, à ceux qui désirent connaître Dieu de manière intime et personnelle. Que ce message vous rapproche du Père à travers la révélation de son fils Jésus-Christ.

À mes frères et sœurs en Christ, qui m'ont encouragé dans la foi et ont partagé ce chemin de découvertes spirituelles. Que ce livre soit un moyen de bénédiction pour vous, en vous apportant la lumière de la vérité de Dieu.

Enfin, à tous ceux qui cherchent la vérité de Dieu, je prie que ce livre vous ouvre les yeux et vous conduise à une relation plus profonde avec notre Seigneur Jésus-Christ, le Père incarné.

Remerciement

Je rends toute gloire à **Dieu Tout-Puissant**, source de toute sagesse et lumière, qui m'a guidé tout au long de l'écriture de ce livre. C'est par sa grâce et sa direction que ce projet a vu le jour, et j'ai confiance que cette œuvre accomplira sa volonté.

Je remercie également le corps de Christ en Côte d'Ivoire, en particulier les églises CMA, Assemblées de Dieu, Protestantes et Évangéliques, pour le soutien spirituel et leur encouragement dans la réalisation de cette mission.

Que ce livre soit un canal de bénédiction pour ceux qui le liront, et qu'il éclaire leurs vies à la lumière de la vérité de Dieu.

Avec reconnaissance, N'Guessan Kouassi Joachim

Préface

Le livre que vous tenez entre vos mains, **"Qui est le Père de Jésus-Christ ?"**, est le fruit d'une longue réflexion sur une question qui a traversé les siècles, divisant théologiens, croyants et chercheurs de vérité : Qui est réellement Jésus-Christ ? Est-il simplement le Fils de Dieu ou est-il aussi le Père incarné dans le Fils ? Cette interrogation, fondamentale pour la foi chrétienne, trouve une réponse claire et profonde dans les Écritures, mais souvent, cette vérité demeure voilée pour les traditions humaines et les conceptions erronées.

Au fil de ce livre, nous allons explorer ensemble cette révélation divine, qui ne se trouve pas dans une simple affirmation intellectuelle, mais dans une expérience vivante de la vérité de Dieu. Jésus-Christ, dans sa mission terrestre, nous a non seulement révélé qui est le Père, mais il a aussi incarné cette vérité dans sa personne. Ce n'est pas un concept abstrait, mais une réalité qui nous appelle à une relation profonde et intime avec lui.

Pourquoi est-il essentiel de comprendre que Jésus-Christ est le Père ? Parce que cette vérité transforme radicalement notre manière de voir Dieu, mais aussi notre manière de vivre notre foi. Elle nous conduit à une adoration véritable, à une communion plus intime avec Dieu, et à une compréhension plus profonde de l'œuvre de salut accomplie à la croix.

Ce livre est aussi une réponse à un monde en quête de sens, un monde qui cherche Dieu, mais qui souvent ne le reconnaît pas tel qu'il se révèle dans les Écritures. Jésus-Christ, étant Dieu incarné, nous offre la possibilité d'une réconciliation totale avec le Père, une réconciliation qui va au-delà des simples mots et qui pénètre dans la profondeur de notre être.

Je vous invite à lire ce livre non seulement comme un ouvrage théologique, mais aussi comme une invitation à une rencontre personnelle avec Jésus-Christ. Ce livre est écrit dans le désir de vous voir, vous aussi, entrer dans la lumière de cette révélation et vivre une vie pleine de sens et de puissance, en sachant que Jésus-Christ est tout ce que Dieu est. En lui, le Père et le Fils ne sont pas deux, mais une seule et même réalité divine, parfaite et infinie.

Je pris que chaque page vous ouvre les yeux sur cette vérité essentielle et que ce livre soit pour vous un chemin vers une connaissance plus profonde de Dieu et une transformation de votre vie chrétienne.

N'Guessan Kouassi Joachim

Introduction

La question de savoir **qui est le Père de Jésus-Christ** n'est pas simplement théologique, mais aussi existentielle. Elle touche au cœur même de notre foi, de notre relation avec Dieu et de notre compréhension de l'œuvre salvatrice accomplie par Jésus-Christ. Dans ce livre, nous cherchons à explorer cette question en profondeur, non seulement pour clarifier l'identité de Dieu le Père, mais aussi pour comprendre comment cette identité influence notre vie chrétienne quotidienne.

Le concept de **la faiblesse de Dieu**, tel que présenté dans les Écritures, peut sembler paradoxal pour certains. Comment Dieu, Tout-Puissant et Souverain, peut-il être perçu comme faible ? Cette question est au cœur de notre réflexion, car elle nous invite à revoir notre conception de la puissance divine. La faiblesse de Dieu n'est pas un signe d'incapacité, mais une manifestation de sa grandeur et de son amour incommensurables. Jésus-Christ, qui a vécu cette faiblesse sur terre, nous révèle le

Père d'une manière qui dépasse notre compréhension humaine.

Dans ce livre, nous explorerons non seulement les aspects théologiques de la nature divine du Père, mais aussi comment la révélation de Jésus-Christ nous éclaire sur sa véritable identité. Ce chemin de découverte nous conduit à comprendre que **Jésus est à la fois le Père et le Fils**, un mystère profond mais fondamental pour tout croyant. Nous répondrons également aux objections courantes, clarifiant ainsi la nature de Dieu et son plan pour l'humanité.

Chapitre 1 : La Faiblesse de Dieu : Une Révélation du Père

Dans ce premier chapitre, nous plongeons dans une réflexion qui pourrait sembler paradoxale au premier abord : **la faiblesse de Dieu**. La Bible nous enseigne que Dieu est Tout-Puissant, Souverain et Majestueux. Mais comment comprendre ce que les Écritures révèlent à propos de sa faiblesse ?

Le Christ, en tant que révélation parfaite du Père, a montré ce qu'est cette faiblesse divine. Jésus, pendant son passage sur terre, a incarné cette faiblesse d'une manière que nous avons parfois du mal à saisir. Il est venu non pas dans la splendeur d'une puissance écrasante, mais dans l'humilité et la fragilité de l'humanité. Il n'a pas dominé ses ennemis par la force, mais pas l'amour et le sacrifice.

Dans l'Évangile de Jean, Jésus se présente comme étant **"le chemin, la vérité et la vie"** (Jean 14:6). Mais c'est aussi en Jésus que nous voyons la manifestation de la puissance cachée dans la faiblesse. **Jean 14:9** nous montre une scène poignante où Philippe demande à Jésus : ''Montre-nous le Père''. Et Jésus répond : **''Celui qui m'a vu a vu le Père''**. Cette réponse révèle un aspect central de notre compréhension de Dieu: le Père n'est pas une entité séparée de Jésus, mais se révèle pleinement à travers lui.

Jésus Christ a révélé que la véritable puissance de Dieu ne réside pas dans l'oppression ou la domination, mais dans le sacrifice et la rédemption. La **croix** de Jésus est l'exemple ultime de la faiblesse apparente de Dieu. Elle ne témoigne pas d'une incapacité divine, mais de la grandeur de l'amour du Père. **1 Corinthiens 1:25** nous enseigne que ''la faiblesse de Dieu est plus forte que les hommes'', une affirmation qui nous invite à revoir nos notions humaines de force et de pouvoir.

À travers la croix, nous découvrons que **Dieu choisit de se manifester dans la faiblesse pour révéler sa grandeur**. Ce n'est pas un Dieu distant et inaccessible, mais un Dieu qui s'abaisse pour nous rejoindre là où nous sommes. Cette compréhension de la faiblesse divine nous rapproche du cœur du Père, nous permettant de saisir l'immensité de son amour et de sa grâce.

Ainsi, ce premier chapitre nous prépare à approfondir la question : **Qui est vraiment le Père de Jésus-Christ ?** En comprenant la nature et sa faiblesse révélée en Jésus, nous sommes invités à une communion plus intime avec Dieu, un Dieu qui se fait proche de nous, tout en restant pleinement souverain et puissant.

Chapitre 2: Révélation et Réception du Père à travers Jésus

Dans le premier chapitre, nous avons vu que **la faiblesse de Dieu** révélé à travers Jésus-Christ est un aspect fondamental de la nature divine. Jésus, dans sa vie, sa mort et sa résurrection, nous montre comment Dieu, en dépit de sa toute puissance, choisit de se révéler dans une forme accessible, compréhensible et proche. Mais comment pouvons-nous recevoir cette révélation et comprendre pleinement qui est le Père de Jésus-Christ ?

La révélation du Père se fait en deux temps : **par la parole et par l'Esprit**. Jésus, tout au long de son ministère, a affirmé qu'il venait révéler le Père. Dans Jean 10:30, il déclare : **''Moi et le Père nous sommes un''** . Cela ne veut pas seulement dire qu'il est en parfaite unité avec le Père, mais aussi que la nature du Père est rendue manifeste à travers lui.

Jésus est la Parole vivante, l'expression parfaite de la volonté de Dieu.

Cependant, comprendre cette révélation nécessite plus qu'une simple écoute ou une lecture des Écritures. Il faut **une réceptivité spirituelle**, un cœur disposé à recevoir l'enseignement du Saint-Esprit. C'est ici que l'action de l'Esprit intervient. Le Saint-Esprit, envoyé par le Père et le Fils, a pour rôle de **nous conduire dans toute la vérité** (Jean 16:13). C'est lui qui ouvre nos yeux pour voir et comprendre la profondeur de la relation entre Jésus et le Père.

Dans Jean 14:17, Jésus dit : **"L'Esprit de vérité que le monde ne peut recevoir, parce qu'il ne le voit ni ne le connaît. Mais vous, vous le connaissez, car il demeure avec vous et sera en vous"**. Cette promesse de Jésus est cruciale : la connaissance de Dieu le Père, révélée en Jésus, n'est pas seulement intellectuelle, elle est **spirituelle et**

expérimentale. Il ne s'agit pas uniquement de savoir des choses à propos de Dieu, mais de **vivre cette réalité** au quotidien grâce à la présence du Saint-Esprit.

L'acceptation de cette révélation commence par une **renonciation à notre propre compréhension limitée** de Dieu. Dans Matthieu 11:25, Jésus dit: **''Je te rends grâce, Père, Seigneur du ciel et de la terre, de ce que tu as caché ces choses aux sages et intelligents, et de ce que tu les as révélées aux enfants''**. La simplicité et l'humilité sont des clés essentielles pour recevoir pleinement la révélation de Dieu.

Ce processus de révélation ne se termine pas avec une simple compréhension intellectuelle. Il se manifeste aussi dans **une transformation profonde du cœur**. En recevant le Saint-Esprit, nous participons à une communion intime avec le Père et le Fils. C'est dans cette relation vivante et dynamique que nous découvrons réellement **qui est le Père de Jésus Christ**, non seulement dans notre tête, mais dans notre cœur et notre vie.

Ainsi, cette révélation du Père ne fait pas qu'éclairer notre esprit ; elle nous transforme, nous rapproche du cœur de Dieu. Nous ne pouvons plus voir Dieu comme une figure lointaine ou abstraite, mais comme un Père aimant, proche, accessible, qui nous appelle à une relation personnelle et profonde.

Chapitre 3 : La puissance cachée dans la faiblesse : L'onction du Saint-Esprit

L'un des plus grands paradoxes de la foi chrétienne est la façon dont la puissance de Dieu se révèle dans ce que le monde considère comme **faiblesse**. Jésus, en tant que Fils de Dieu, est le reflet parfait de cette dynamique. Il a choisi de se soumettre à la volonté du Père, allant jusqu'à la croix, dans un acte qui, vu de l'extérieur, pourrait sembler être une défaite. Pourtant, dans cette **apparente faiblesse**, c'est toute la puissance de Dieu qui s'est déployée pour accomplir de rédemption.

Le Saint-Esprit, qui a ressuscité Jésus d'entre les morts, est l'agent par lequel nous expérimentons cette puissance dans nos vies. Dans **Actes 1:8**, Jésus dit : **"Mais vous recevrez une puissance, celle du Saint-Esprit qui viendra sur vous"**. Cette puissance n'est pas celle du monde, mais une

puissance spirituelle qui transforme et renouvelle. L'onction du Saint-Esprit, en particulier, est ce lien divin qui permet au croyant de vivre dans la **puissance de Dieu.** L'onction du Saint-Esprit est d'abord une **révélation de la vérité**. Jésus a promis dans **Jean 16:13** que l'Esprit de vérité viendrait pour nous guider dans toute la vérité. Cela inclut la vérité sur Dieu le Père, révélée parfaitement en Jésus. Lorsque le Saint-Esprit nous touche, il nous ouvre les yeux pour comprendre que Jésus n'est pas simplement un homme exceptionnel, mais que Jésus est le **Père en action**. C'est lui qui révèle le Père à l'humanité, en nous permettant de connaître sa nature, ses désirs, et sa volonté pour nous.

Mais cette **puissance de l'onction** n'est pas seulement intellectuelle, elle est aussi **transformative**. Jésus, dans Luc 4:18-19, a proclamé : **''l'Esprit du Seigneur est sur moi, car il m'a oint pour annoncer la bonne nouvelle aux pauvres''**. Ce passage révèle le cœur de la mission du Christ : l'onction du Saint-Esprit le qualifie pour accomplir des œuvres puissantes, mais aussi pour **guérir, libérer et restaurer**. Lorsque l'onction du Saint-Esprit repose sur nous, elle nous transforme et nous habilite à **agir dans la puissance de Dieu**, tout comme Jésus l'a fait.

La vérité et l'amour sont également des puissances spirituelles qui activent l'onction du Saint-Esprit. Comme le dit **Jean 16:13**, l'Esprit de vérité nous **guide dans la vérité**, et la vérité est une **puissance** qui nous rend libres. Jésus a dit dans Jean 8:31-32: **"Si vous demeurez dans ma parole, vous êtes vraiment mes disciples, et vous connaîtrez la vérité, la vérité vous affranchira"**. Cette vérité qui découle de l'enseignement de Jésus, nous donne accès à la compréhension pleine et entière du Père.

L'amour, également, est une puissance spirituelle active qui fait partie intégrante de l'onction du Saint-Esprit. Le Saint-Esprit ne nous remplit pas seulement de la connaissance de la vérité, mais il **répand l'amour de Dieu dans nos cœurs** (Romains 5-5). Cet amour est un signe tangible de la présence du Père en nous. Lorsque nous accueillons l'amour de Dieu, nous comprenons que le **Père de Jésus Christ** est un Père plein de compassion, de miséricorde et de grâce, prêt à nous recevoir dans son royaume.

Enfin, il est important de souligner que la **douceur et la miséricorde** font aussi partie des puissances spirituelles qui nous sont données par l'onction. Comme Jésus a démontré une douceur infinie face aux épreuves, le Saint-Esprit nous enseigne à marcher dans cette même douceur. **Galates 6:17** nous rappelle que, tout comme Jésus, nous devons vivre dans la soumission humble à Dieu, nous reposons sur la puissance du Saint-Esprit pour accomplir l'œuvre du Père.

La révélation de **qui est le Père de Jésus-Christ** n'est pas seulement une question de doctrine, elle est une **expérience vivante** que nous recevons par l'onction du Saint-Esprit. À travers cette onction, nous devenons des témoins vivants de la puissance du Père, non seulement dans nos paroles, mais dans nos actions, dans notre vie quotidienne, dans notre marche chrétienne

<u>Chapitre 4</u> : Les objections à la Révélation du Père et comment y répondre

Tout au long de l'histoire du christianisme, une question centrale a persisté : **"Qui est Jésus Christ ?"** La révélation du Père à travers Jésus, comme le montre l'Écriture, défie souvent les conceptions humaines limitées et peut susciter des objections. Nombreux sont ceux qui, tout en reconnaissant Jésus comme Fils de Dieu, se demandent comment Jésus peut être à la fois le Fils et le Père. Ces questions ont traversé les âges, et il est important de comprendre et de répondre avec sagesse et ces interrogations, pour ne pas perdre de vue la vérité centrale de l'Évangile.

Objection 1 : Jésus est le Fils, donc il ne peut pas être le Père

L'une des objections les plus courantes à la compréhension de la relation entre Jésus et le Père est l'idée que **''le Fils'' et ''le Père'' sont deux entités distinctes**, ce qui semble remettre en question la possibilité que Jésus soit à la fois le Fils et le Père. Cependant, Jésus lui-même a donné des indices clairs de son identité divine et de sa relation avec le Père.

Dans **Jean 10:30**, Jésus affirme : **''Moi et le Père nous sommes un''**. Cette déclaration n'est pas ambiguë. Jésus ne parle pas ici d'une unité abstraite ou d'une simple communion spirituelle, mais d'une **unité essentielle**. Le terme ''un'' utilisé ici est l'expression d'une relation intime et parfaite, au-delà des limites humaines de compréhension. Jésus ne dit pas simplement qu'il reflète le Père, mais qu'il est Un avec lui, partageant pleinement la même nature divine.

Il est aussi important de noter que dans les Évangiles, Jésus se réfère constamment à Dieu comme **"son Père"**, mais ces mentions ne sont pas une preuve d'une différence substantielle. Au contraire, elles révèlent **l'unité de la divinité** dans laquelle Jésus vit et agit. Jésus, en tant que **Fils**, ne se limite pas à une relation ''fils-père'' telle que nous la comprenons dans nos relations humaines ; il est **l'expression parfaite de Dieu** sur terre.

Objection 2 : Le Père et le Fils semblent être des personnes distinctes dans les Écritures

Certains passages des Écritures, notamment dans les Évangiles, semblent montrer que Jésus parle de Dieu comme de son père d'une manière qui pourrait suggérer qu'ils sont deux personnes séparées. Par exemple, dans **Jean 14:28**, Jésus déclare: **"Vous m'avez entendu dire : Je m'en vais, et je viens à vous. Si vous m'aimiez, vous vous réjouiriez que**

je m'en aille, car, le Père est plus grand que moi''.

Ce verset a été mal interprété pour suggérer une hiérarchie entre Jésus et le Père. Pourtant, il ne fait que révéler **la condition incarnée** de Jésus sur terre. Dans sa forme humaine, Jésus a volontairement accepté la soumission à la volonté du Père. Cette soumission ne signifie pas une subordination dans la divinité, mais un acte de **volonté divine** de s'humilier pour accomplir l'œuvre rédemptrice.

Il est essentiel de comprendre que Jésus parle ici dans sa nature humaine, soumise à la volonté du Père. Toutefois, dans sa divinité, Jésus est égale au Père, comme l'indiquent clairement d'autres passages, tels **que Jean 1:1**, qui dit que **''la Parole était Dieu''** et que **''la Parole était avec Dieu''**. Cette ''Parole'' fait référence à Jésus, qui est pleinement Dieu et pleinement homme.

Objection 3: Pourquoi Jésus prie-t-il s'il est le Père ?

Une autre objection fréquemment soulevée est la question de savoir pourquoi **Jésus prie le Père** s'il est lui-même le Père. L'acte de prier n'implique pas une séparation entre le Père et le Fils. Jésus, en tant qu'incarné, a agi en modèle pour l'humanité. Montrant ainsi l'importance de la prière, de la dépendance à Dieu et de l'humilité. Jésus, bien qu'étant Dieu, a pris une forme humaine et a vécu dans l'obéissance et la communion parfaite avec son Père céleste.

Les prières de Jésus, notamment lors de **sa passion** dans le jardin de Gethsémané (Matthieu 26:39), révèlent sa relation intime et soumise au Père. Cela ne diminue en rien sa divinité, mais met en lumière **l'humilité** et **l'obéissance volontaire** du Fils incarné, qui agit dans un rôle de rédemption pour l'humanité.

Réponse à l'objection : Jésus est l'incarnation du Père

La clé pour résoudre ces objections réside dans la compréhension de l'Incarnation. Jésus n'est pas simplement un Fils séparé du Père; il est **l'incarnation du Père sur terre**. Jésus est Dieu qui s'est fait homme, et dans cette incarnation, il révèle pleinement qui est le Père. Lorsque Jésus dit ''Je suis le Père'', il parle d'une **unité parfaite**, mais en même temps, il démontre comment Dieu choisit de se manifester dans le monde physique ou pas son Fils.

<u>Chapitre 5</u> : l'Unité Divine dans la Trinité: Comprendre le Père, le Fils et le Saint-Esprit

Le concept de la Trinité est sans doute l'un des aspects les plus mystérieux de la foi chrétienne. Comment Dieu, qui est un, peut-il être trois en même temps ? Le Père, le Fils et le Saint-Esprit sont tous appelés **Dieu** dans les Écritures, mais il y a une grande confusion qui entoure la compréhension de leur relation, surtout lorsqu'on cherche à comprendre comment ces trois personnes peuvent être une seule et même essence divine.

1. L'unité de la Trinité

Tout d'abord, il est important de saisir que la Trinité ne signifie pas trois dieux, mais un **seul Dieu en trois personnes**. C'est un mystère que l'esprit humain ne peut entièrement saisir, mais la Bible nous révèle suffisamment d'informations pour comprendre que l'unité de Dieu est parfaite et complète.

Dans **Jean 10:30**, Jésus affirme: **"Moi et le Père nous sommes un"**. Cette déclaration révèle clairement que Jésus, bien qu'il soit distinct du Père, partage pleinement la **nature divine** du Père. Cette unité est également manifeste dans l'œuvre de la création, de la rédemption et de l'œuvre du Saint-Esprit. Le Père, le Fils et le Saint-Esprit ne fonctionne pas séparément, mais ensemble dans une **harmonie parfaite**, accomplissant une seule et même œuvre divine

La Trinité n'est pas une **hiérarchie** de personnes, mais une **communion parfaite** entre trois personnes égales en nature, mais ayant des rôles distincts. Chacune des personnes de la Trinité se révèle pleinement à l'humanité à travers son action particulière surtout en étant un dans leur essence et leur volonté.

2. Le Père dans la Trinité

Le Père est la source de la divinité, celui qui **envoie le Fils** et le Saint-Esprit. C'est lui qui, dans son amour parfait, a conçu le plan de la rédemption et a envoyé Jésus-Christ dans le monde pour accomplir l'œuvre du salut. Jésus lui-même a déclaré dans **Jean 14:28**: ''**Le Père est plus grand que moi**''. Cette affirmation, comme mentionnée précédemment, ne parle pas de subordination dans la divinité, mais plutôt de la relation fonctionnelle dans l'incarnation de Jésus, où il choisit de se soumettre à la volonté du Père dans l'œuvre de rédemption.

Le Père est aussi celui qui **envoie le Saint-Esprit** pour accomplir son œuvre sur terre. Dans **Jean 14:16**, Jésus dit : ''**Je prierai le Père, et il vous donnera un autre consolateur, afin qu'il soit avec vous pour toujours.**'' Le Saint-Esprit est donc **l'agent** de la présence divine sur terre, agissant en communion avec le Père et le Fils.

3. Le Fils dans la Trinité

Jésus christ, en tant que **Fils de Dieu**, est pleinement Dieu et pleinement homme. Il est l'expression visible du Père, c'est lui qui est venu sur terre pour révéler le Père à l'humanité. Dans **Jean 14:9**, Jésus répond à Philippe : **"Celui qui m'a vu a vu le Père."** Cela montre que Jésus n'est pas simplement un représentant de Dieu, mais qu'il est Dieu lui-même, pourtant la pleine **nature divine** tout en étant pleinement humain.

Le Fils joue également un rôle central dans l'œuvre du salut. Par sa mort sur la croix, Jésus a accompli la réconciliation de l'humanité avec Dieu, permettant aux croyants d'être unis à Dieu à travers lui. Jésus est le **pont** entre l'humanité pécheresse et le Dieu saint.

4. Le Saint-Esprit dans la Trinité

Le Saint-Esprit est la troisième personne de la trinité, et son rôle est de **renouveler, consoler** et

guider les croyants. Dans **Jean 14:26**, Jésus promet : **''Mais le Consolateur, l'Esprit-Saint, que le Père enverra en mon nom, vous enseignera toutes choses.''** Le Saint-Esprit est donc celui qui nous révèle la **vérité** et qui nous **transforme** à l'image du Christ.

Le Saint-Esprit est aussi celui qui nous aide à comprendre et à vivre les enseignements de Jésus. Sans l'Esprit, il nous serait impossible de saisir pleinement les réalités spirituelles du Royaume de Dieu. L'Esprit est **l'agent** de sanctification, transformant nos cœurs et nous rendant conformes à l'image de Christ.

5. Unité et Distinction : La Parfaite Communion de la Trinité

L'unité de Dieu dans la Trinité ne signifie pas que les trois personnes sont interchangeables ou identiques dans leur fonction. Au contraire, chaque personne de la Trinité joue un rôle particulier, mais elles sont toujours unies dans leur essence et leur volonté. C'est une communion parfaite où chaque personne est en parfaite harmonie avec l'autre.

La Trinité est comme une danse éternelle d'amour, de vérité et de pouvoir. Le Père aime le Fils, le Fils honore le Père et l'Esprit travaille à rendre ce lien visible et actif dans la vie des croyants. Cette **communion parfaite** dans la Trinité est le modèle pour l'unité que les croyants doivent rechercher dans leurs propres vies.

6. La Trinité et Notre Vie Spirituelle

Comprendre l'unité divine dans la Trinité a des implications profondes pour notre vie chrétienne. Cela nous montre que, tout comme le Père, le Fils et le Saint-Esprit sont un, nous aussi, dans notre union avec Dieu, devons rechercher l'harmonie, l'amour et la communion avec le Père, le Fils et le Saint-Esprit.

La Trinité nous invite à entrer dans cette **relation profonde** avec Dieu, à imiter leur **unité** et à vivre dans une communion parfaite les uns avec les autres. Jésus a dit dans **Jean 17:21** : **''Afin que tous soient un, comme toi, Père, tu es en moi et moi en toi, qu'ils soient aussi un en nous.''** Cette prière de Jésus pour l'unité des croyants est un appel à participer à la même communion que celle qu'il a avec le Père, le Fils et le Saint-Esprit.

<u>Chapitre 6</u> : les Objections Courantes à la Compréhension de la Trinité et la Réponse Biblique

L'enseignement sur la Trinité, bien qu'étant un pilier de la foi chrétienne, est souvent mal compris ou rejeté par ceux qui interprètent les Écritures d'une manière différente. Les objections à la doctrine trinitaire ne manquent pas, et beaucoup d'entre elles reposent sur des malentendus concernant la nature de Dieu et la relation entre le Père, le Fils et le Saint-Esprit. Ce chapitre explore certaines de ces objections et fournit des réponses claires basées sur les Écritures.

Objection 1: Jésus est seulement le Fils de Dieu donc il ne peut pas être le père

Certains affirment que Jésus, en tant que Fils, doit nécessairement être distinct du Père. Ils soutiennent que le titre ''Fils'' indique une relation subordonnée et que, par conséquent, Jésus ne peut être le Père.

Repose biblique

Tout d'abord, il est important de noter que dans l'Ancien Testament, l'expression ''Fils de Dieu'' n'implique pas nécessairement une distinction de nature. Jésus a utilisé ce titre pour affirmer qu'il est pleinement Dieu, tout en étant distinct en tant que personne. Dans **Jean 10:30**, Jésus dit: **''Moi et le Père nous sommes un.''** Ce passage montre que, bien que Jésus soit appelé ''le Fils'', il partage la même nature divine que le Père.

De plus, dans **Jean 14:9**, Jésus déclare : «**Celui qui m'a vu a vu le Père.**» Cela souligne que Jésus est l'expression visible du Père, et qu'en le voyant, on voit aussi la plénitude de la divinité. Bien que Jésus soit appelé ''Fils'', cela ne diminue à rien sa divinité ou son identité en tant que Dieu. Il est l'image parfaite du Père, tout en étant pleinement Dieu.

Objection 2: La Trinité est un concept non biblique, inventé par des hommes

Certains pensent que la doctrine de la Trinité est un concept inventé par les théologiens au cours des siècles, et qu'il n'y a pas de fondement biblique à cette idée.

Réponse biblique

Bien que le terme ''Trinité'' ne soit pas utilisé explicitement dans les Écritures, la doctrine elle-même est solidement enracinée dans les enseignements bibliques. Jésus parle de la relation entre le Père, le Fils et le Saint-Esprit dans des passages comme **Matthieu 28:19**, où il commande aux disciples de baptiser **au nom du Père, du Fils et du Saint-Esprit**. Cela montre clairement que les trois personnes sont distinctes mais unies dans leur divinité.

De plus, tout au long de l'Évangile de Jean, Jésus fait référence à son union avec le Père et à l'envoi du Saint-Esprit, mettant en lumière la réalité d'une **relation trinitaire**. La doctrine de la Trinité est donc présente dans les Écritures, même si le terme ''Trinité'' lui-même est une construction théologique qui aide à résumer cette vérité biblique.

Objection 3 : Comment Jésus peut-il être Dieu et prier à Dieu en même temps ?

Un autre argument est basé sur le fait que Jésus a prié le Père, notamment dans des passages comme **Matthieu 26:39**, où il demande à Dieu de ''passer cette coupe loin de lui.'' Certains en concluent que si Jésus est Dieu, il ne devrait pas prier.

Réponse biblique

Il est important de comprendre que, bien que Jésus soit pleinement Dieu, il est aussi pleinement homme. En tant qu'homme, Jésus a vécu une vie de **soumission totale à la volonté de Dieu le Père**. Ses prières montrent son **humilité** et son **dépendance** envers le Père, même si, dans sa nature divine, il est un avec le Père.

Dans **Philippiens 2:6-8**, Paul explique comment Jésus, bien qu'étant en forme de Dieu, s'est humilié et a pris la forme d'un serviteur pour accomplir la volonté du Père. Cela ne nie en rien la divinité de Jésus, mais montre plutôt l'aspect de son incarnation, où il s'est volontairement soumis à la volonté du Père tout en étant toujours Dieu. Ainsi, la prière de Jésus n'est pas un signe de subordination divine, mais une démonstration de l'aspect humain de son ministère.

Objection 4: Pourquoi Jésus a-t-il dit : ''Mon Dieu, pourquoi m'as-tu abandonné ?'' S'il est Dieu ?

Un autre passage souvent cité par ceux qui rejette la Trinité est **Matthieu 27:46**, où Jésus sur la croix, crie: **''Mon Dieu, mon Dieu, pourquoi m'as-tu** abandonné ?"** Ce verset semble suggérer une séparation entre le Père et le Fils.

Réponse biblique

Ce cri de Jésus est en réalité un **appel à l'accomplissement des Écritures** et un témoignage de la profondeur de son sacrifice. Jésus cite le début du Psaume 22, qui parle de la souffrance du juste persécuté. En criant ces mots, Jésus ne nie pas sa divinité, mais exprime la douleur de la séparation qu'il ressent à cause du péché du monde qui a été mis sur lui.

Dans l'acte de prendre sur lui les péchés de l'humanité, Jésus a expérimenté une forme de séparation du Père en raison du péché qui ne pouvait pas supporter la communion parfaite avec Dieu. Cependant, cela ne signifie pas qu'il était totalement abandonné par le Père, mais plutôt qu'il a porté cette souffrance pour accomplir le plan de rédemption de Dieu.

Objection 5 : Si le Père est Dieu, le Fils est Dieu, et l'Esprit est Dieu, alors il y a trois dieux

Une objection fréquente à la doctrine de la Trinité est que si le Père, le Fils et le Saint-Esprit sont tous appelés **Dieu**, alors il doit y avoir trois dieux distincts.

Réponse biblique

La réponse à cette objection réside dans la compréhension de la **nature unitaire** de Dieu. La Trinité ne signifie pas que Dieu est divisé en trois dieux, mais que le Père, le Fils et le Saint-Esprit sont unis dans une seule et même **essence divine**. Comme nous l'avons vu précédemment dans **Jean 10:30**, Jésus affirme : **"Moi et le Père, nous sommes un."** Cela indique que, bien que les trois personnes de la Trinité soient distinctes, elles partagent une nature divine unique. La doctrine trinitaire nous enseigne qu'il y a un **seul Dieu en trois personnes**, et non trois dieux séparés.

Chapitre <u>7</u> : Conclusion-La Vérité sur la Nature de Dieu

Après avoir exploré les enseignements bibliques sur la nature de Dieu et les objections courantes à la doctrine de la Trinité, il est essentiel de revenir à la vérité centrale qui se trouve dans les Écritures : Jésus-Christ est pleinement Dieu et pleinement homme. Il est à la fois le Père et le Fils, unis en une seule nature divine.

La compréhension de la relation entre le Père, le Fils et le Saint-Esprit ne doit pas être un sujet de division ou de confusion pour les chrétiens, mais un fondement de notre foi. Le fait que Jésus ait révélé son unité avec le Père n'est pas simplement un concept théologique, mais une vérité fondamentale qui façonne notre relation avec Dieu. Jésus ne se contente pas de nous enseigner des vérités sur Dieu ; il nous montre directement qui Dieu est et comment nous pouvons avoir une relation intime avec lui.

1. L'Unité Divine : Jésus, le Père et le Saint-Esprit sont Un

Tout au long de l'Évangile, Jésus a constamment affirmé son union avec le Père. Dans **Jean 10:30** il dit **"MOI et le Père, nous sommes un."** Cette déclaration ne laisse aucune place au doute sur la divinité de Jésus et sur son égalité avec Dieu le Père. La relation trinitaire ne signifie pas une séparation dans la divinité, mais une parfaite unité entre trois personnes.

Il est essentiel de comprendre que cette unité divine ne doit pas être interprétée comme une simple unité d'objectif ou de volonté, mais une véritable unité d'essence. Le Père, le Fils et le Saint-Esprit ne sont pas trois entités divines distinctes, mais un seul Dieu en trois personnes.

2. La Nature de Jésus : Dieu et Homme en Une Seule Personne

La pleine divinité et l'humanité de Jésus sont deux aspects essentiels de notre foi chrétienne. Jésus est à la fois totalement divin et totalement humain. Dans l'Évangile de Jean, Jésus affirme que celui qui le voit, voit le Père ‹‹Jean 14 9››, soulignant qu'il est l'expression parfaite de Dieu sur terre. Cependant, dans son incarnation, Jésus a volontairement pris la forme humaine pour accomplir l'œuvre de rédemption pour l'humanité.

En tant qu'homme, Jésus a prié, souffert et est mort sur la croix, mais en tant que Dieu, il a triomphé de la mort et a offert la réconciliation entre Dieu et les hommes. Cela montre que, bien que Jésus ait été pleinement humain, il est également pleinement Dieu, et c'est en cette qualité divine qu'il est capable de réaliser le salut.

3. Le Saint-Esprit : Le Consolateur et L'Instructeur

L'œuvre du Saint-Esprit est essentielle pour notre vie chrétienne. Le Saint-Esprit, envoyé par Jésus après son ascension, continue l'œuvre de Christ sur terre en instruisant les croyants, en les guidant dans la vérité et en leur donnant la puissance pour vivre selon la volonté de Dieu.

Le Saint-Esprit n'est pas une simple force, mais une personne divine, tout comme le Père et le Fils. Il vient pour être notre consolateur, notre guide et notre enseignant, afin que nous puissions pleinement comprendre la vérité de Dieu et vivre dans cette vérité.

4. Jésus-Christ : Le Père et le Fils

L'une des affirmations les plus radicales de Jésus est que **"le Père et le Fils sont un."** Cette vérité, que nous avons explorée tout au long de ce livre, défie les conceptions humaines et révèle la profondeur de la relation entre le Père et le Fils. Jésus ne parle pas d'une simple relation de subordination ou de représentation ; il parle d'une **unité absolue** entre lui et le Père. Jésus est à la fois le Père révélé et le Fils incarné. En lui, la révélation de Dieu atteint son apogée et c'est par lui que nous connaissons le Père.

La réconciliation entre l'humanité et Dieu passe par la reconnaissance de cette unité divine. Si nous croyons que Jésus est le Père et le Fils, nous avons accès à la plénitude de la vérité de Dieu. Cela nous permet de comprendre non seulement qui Jésus est, mais aussi ce que cela signifie pour notre salut et notre vie chrétienne.

5. L'Appel à la Foi

La compréhension de la nature de Dieu, telle qu'elle nous est révélée dans la personne de Jésus-Christ, appelle à une fois vivante. Jésus est venu pour accomplir l'œuvre de rédemption et nous révéler Dieu le Père. Il n'est pas simplement une figure historique, mais il est **Dieu incarné**, venu pour nous restaurer à une relation intime avec Dieu.

Le message de ce livre est clair : Jésus-Christ est le Père. Cette vérité est essentielle pour toute personne cherchant à comprendre la nature de Dieu et à vivre une vie chrétienne authentique. Accepter cette vérité et vivre en conséquence, c'est accepter la plénitude de Dieu dans notre vie.

Ainsi, nous arrivons à la fin de ce voyage à travers la vérité biblique sur la nature de Dieu. Jésus-Christ est le Père et le Fils, et il n'y a qu'un seul Dieu en trois personnes. Nous sommes appelés à comprendre cette vérité et à vivre selon elle, sachant que Jésus est la révélation parfaite de Dieu et qu'il a compris l'œuvre de rédemption pour l'humanité. Que ce livre vous aide à approfondir votre compréhension de cette vérité et à expérimenter la transformation qu'elle apporte à votre vie.

Épilogue : Une Vie Transformée Par La Vérité

Le voyage à travers la révélation de la nature divine de Jésus-Christ ne s'arrête pas à la compréhension théorique des Écritures. Bien que la doctrine soit essentielle pour fonder notre foi, elle doit aussi se traduire par une expérience vécue, une transformation dans nos vies. La véritable connaissance de Dieu, telle qu'elle est révélée par Jésus, doit influer sur nos pensées, nos actions, et surtout, notre relation avec lui.

La vérité sur la nature de Dieu, que Jésus Christ est à la fois le Père et le Fils, n'est pas une simple curiosité théologique. Elle a des implications profondes pour notre manière de vivre en tant que chrétiens. Cette vérité nous appelle à une communion plus intime avec Dieu, à une obéissance plus radicale à ses commandements, et à une foi plus solide dans la puissance du salut en Jésus-Christ.

1. Appel à une Foi plus Profonde

Tout au long de ce livre, nous avons vu comment Jésus-Christ incarne pleinement Dieu le Père et comment cette vérité est révélée dans les Écritures. Mais la vraie question que chaque chrétien doit se poser est la suivante: **Comment cette vérité transforme-t-elle ma vie aujourd'hui ?** La réponse réside dans notre foi. Croire en Jésus, non seulement comme le Sauveur, mais aussi comme Dieu incarné, c'est accepter qu'il soit celui par qui nous avons accès à une relation directe avec Dieu le Père. Cette relation est restaurée et consolidée par l'œuvre de Jésus à la croix et par sa présence en nous à travers le Saint-Esprit.

2. La Vie Chrétienne : Une Réponse à la Vérité

Le message de ce livre ne se termine pas simplement par une affirmation théologique, mais par un appel à vivre selon cette vérité. L'unité parfaite entre le Père et le Fils doit se refléter dans l'unité du corps du Christ, l'Église. En comprenant cette vérité, nous sommes appelés à une vie chrétienne marquée par l'amour, l'humilité et la recherche constante de la volonté de Dieu.

Être un chrétien, c'est accepter de vivre à la lumière de cette vérité. Il ne s'agit pas seulement de croire intellectuellement que Jésus est Dieu, mais de permettre à cette vérité de modeler chaque aspect de notre vie quotidienne. Nos choix, nos actions, et même nos pensées doivent être orientés par la lumière de cette révélation divine.

3. Jésus, l'Alpha et l'Oméga

La vérité sur la nature de Dieu nous rappelle aussi que Jésus est à la fois le commencement et la fin de toutes choses. Dans **Apocalypse 22:13**, Jésus dit : **"Je suis l'Alpha et l'Oméga, le premier et le dernier vu que le commencement et la fin."** Cela signifie que non seulement Jésus a révélé Dieu dans sa première venue sur terre, mais il reviendra pour établir son règne éternel. La compréhension de cette vérité ne doit pas seulement nourrir notre théologie, mais aussi nourrir notre espoir. Jésus n'est pas seulement celui qui a accompli le salut à la croix ; il est celui qui reviendra pour nous mener à la perfection finale dans son Royaume éternel.

4. Invitation à l'action

Enfin, ce livre n'est pas seulement une explication doctrinale ; c'est aussi un appel à l'action. Le savoir sans l'action est une foi morte. Vous avez vu que Jésus-Christ est pleinement Dieu, le Père incarné dans le Fils. C'est la révélation la plus complète de

Dieu que l'humanité ait jamais reçue. Mais maintenant, il vous appartient de vivre en conséquence. La connaissance de cette vérité doit changer vos priorités, transformer vos relations, et vous pousser à partager cette bonne nouvelle avec ceux qui ne connaissent pas encore cette vérité.

Nous sommes appelés à proclamer cette vérité dans un monde qui cherche désespérément à connaître le vrai Dieu. Jésus-Christ est la réponse à cette quête. Et c'est en lui seul que nous pouvons trouver la véritable paix, la réconciliation avec Dieu et la vie éternelle.

En terminant ce livre, je vous invite à prendre un moment pour méditer sur la grandeur de cette vérité : Jésus-Christ est le Père, et il est le Fils. C'est cette vérité qui transforme les vies et c'est par cette vérité que nous devons vivre. Que ce livre vous incite à vivre pleinement pour Jésus, à le connaître, et à l'adorer comme Dieu le Père.

Que Dieu vous bénisse, et que sa lumière continue de briller sur votre chemin au nom puissant de notre Seigneur Jésus Christ, AMEN.

Table des matières

Introduction...6

Chapitre 1 : La Faiblesse de Dieu : Une
Révélation du Père...............................8

Chapitre 2: Révélation et Réception du Père à
travers Jésus...11

Chapitre 3 : La puissance cachée dans la
faiblesse : L'onction du Saint-Esprit...................15

Chapitre 4 : Les objections à la Révélation du
Père et comment y répondre.............................20

Chapitre 5 : l'Unité Divine dans la Trinité:
Comprendre le Père, le Fils et le Saint-Esprit.....26

Chapitre 6 : les Objections Courantes à la
Compréhension de la Trinité et la Réponse
Biblique..33

Chapitre 7 : Conclusion-La Vérité sur la Nature
de Dieu..41

I want morebooks!

Buy your books fast and straightforward online - at one of world's fastest growing online book stores! Environmentally sound due to Print-on-Demand technologies.

Buy your books online at
www.morebooks.shop

Achetez vos livres en ligne, vite et bien, sur l'une des librairies en ligne les plus performantes au monde!
En protégeant nos ressources et notre environnement grâce à l'impression à la demande.

La librairie en ligne pour acheter plus vite
www.morebooks.shop